4.80
3186 38

Anja Horsch

Rainer Ewers

Die Olli-Story

Eine Autobiographie

Bearbeitet von Rudolf Leubner

Nach einem Effata-Konzert zugelegt

4. März 86

coprint

CIP-Kurztitelaufnahme der Deutschen Bibliothek

Ewers, Rainer:
Die Olli-Story: e. Autobiographie/
Rainer Ewers.
Bearb. von Rudolf Leubner. — Wiesbaden:
coprint, 1983.

ISBN 3-922819-07-9

NE: Leubner, Rudolf [Bearb.]

2., erweiterte Auflage 1984
© coprint Druck- und Verlags-GmbH, Wiesbaden 1983
Cover: Agentur Litera/H.J. Kropp
Herstellung: Ebner Ulm
Printed in Germany

Wir informieren Sie gern über unser Gesamtprogramm:
coprint-Verlag, Postfach 19 27, 6200 Wiesbaden

Die Olli-Story

Eigentlich heiße ich Rainer Ewers, aber fast alle nennen mich Olli. Meine Story fängt so an, wie ein Leben nun mal anfängt: Am 5.2.1958 bin ich in Recklinghausen geboren worden. Meine Eltern sind früh auseinander gegangen. Warum weiß ich nicht, aber wahrscheinlich, weil das fünfte Kind unterwegs war. Und dieses fünfte Kind war ich.

Wir haben in einem Bunker gelebt. Ein häßlicher Betonklotz, dieses Ding. Ein Zimmer und die Küche teilten wir uns mit sechs Personen. Aber obwohl wir so wenig Platz hatten, lief das Leben mit meiner Mutter und den Geschwistern in den ersten Jahren ganz gut.

Von außen wirkte der Bunker wie ein Koloß, eine Festung, in die niemand so schnell eindringen konnte.

Und die Menschen, die drinnen wohnten, so Zimmer an Zimmer, die sind genauso geworden wie der Bunker: Niemand konnte in sie hineinschauen. Niemand wollte auch zuviel von den anderen mitkriegen, dazu war jeder zu sehr mit seinen eigenen Problemen beschäftigt. Von den Bunkerbewohnern untereinander war also nix zu erwarten. Und von denen, die am Bunker vorbeispazierten, erst recht nicht. Die konnten nicht begreifen, daß es in diesem grauen Betonhaufen überhaupt lebendig zuging. Vielen konnte man es buchstäblich vom Gesicht ablesen, wie sie uns Menschen sahen. Ich habe die Vorurteile gegen uns Assis sehr früh mitbekommen.

Wir waren gebrannte Kinder, also habe ich mich auch so verhalten, wie die mich gesehen haben.

Und damit habe ich reichlich früh angefangen.

Kinder gab's genug in unserem Viertel. Wenn's aber irgendwo zuviele gibt, geht man schnell in der Masse unter, also habe ich schon als kleiner Junge gut auf den Putz gehauen. Da wird man beachtet und macht sich beliebt bei den Kumpels. Auf diese Art kam ich dann schnell in eine Clique rein. Um aufgenommen zu werden, mußte ich eine Mutprobe machen. Die sah folgendermaßen aus: Ich mußte von einer drei Meter hohen Mauer einen Salto in einen Kieshaufen machen. Dabei haben sich die meisten ganz schön blaue Flecken eingefangen; und das war nur ein Teil der Eintrittsmutprobe. Noch immer war man kein Vollmitglied. Der Boß unserer Clique (oder besser Bande) war ein linker Vogel, der hat sich die schlimmsten Dinge ausgedacht.

Aber ich wollte ein harter Junge sein, deshalb nahm ich alles gelassen hin. Früher, da gingen die Bullen noch allein auf Streife. Ich sollte also zu so einem Typ hingehen, ihm die Hand hinstrecken und ihm dabei ne Nadel in die Handfläche reinhauen. Und genau das habe ich dann auch gemacht. Als der wie am Spieß geschrien hat, war ich richtig stolz auf mich. Ich bin dann zum Boß gelaufen und hab's ihm erzählt.

Der hat mir dann gleich die nächste Mutprobe aufgetragen. Ich sollte einem Jungen einen Stein über den Schädel ziehen. Und auch das habe ich getan — ich, der kleine Junge von fünf Jahren.

Meine Mutter wußte von alledem nichts, wie sollte sie auch.

Zwar war mir damals noch gar nicht richtig bewußt, was ich tat. Nur so viel war mir schon klar: Sie sollte das nicht erfahren.
Schon deshalb nicht, weil sie eine strenge Frau war. Sie hat immer meine älteste Schwester auf uns Kleine aufpassen lassen. Und wenn dann Mutter von der Arbeit kam und meine Schwester hat ihr erzählt, der Olli hat dies und jenes gemacht, dann setzte es Prügel mit der Peitsche auf den nackten Hintern.

OK, manchmal war das auch berechtigt. Aber ich glaube, meiner Schwester hat es richtig Spaß gemacht, wenn ich meine Tracht abbekam. Wahrscheinlich hat sie ihre kleinen Geschwister gehaßt, weil sie immer, wenn Mutter nicht da war, auf uns aufpassen mußte. Einmal — sie fuhr immer mit uns am Kanal entlang spazieren — hat sie den Kinderwagen voll die Böschung runtersausen lassen. Ich glaube, sie hatte damals wirklich die Absicht, uns zu ersäufen. Ein Angler hat das Ganze aber beobachtet, alles hingeschmissen und uns im letzten Augenblick vor dem Ertrinken bewahrt. Als das mit meiner Schwester immer schlimmer wurde und Mutter einfach nicht mehr darüber hinwegsehen konnte, wurde sie in eine Erziehungsanstalt gesteckt.

Das ist jetzt achtzehn Jahre her, und ich habe seit dieser Zeit keinen Kontakt mehr zu ihr gehabt.

Auch von meiner zweitältesten Schwester, mit der ich mich eigentlich sehr gut verstand, wurde ich sehr früh getrennt. Sie kam zu Pflegeeltern, weg aus unserem Bunker.
Auch von ihr habe ich nie mehr etwas gehört. Meine Schwestern waren weg, von nun an lebten nur noch meine beiden Brüder und ich bei meiner Mutter.

Während meiner, ich will sie mal so nennen, »Bunkerzeit« habe ich Dinge erlebt, die auf mich brutaler wirkten als der stärkste Fernsehfilm.

Da war zum Beispiel ein Typ, Probleme mit der Familie, Alkoholiker, mit einer starken Abneigung gegen Kinder. Ja, man kann schon sagen, der war brutal. Er tauchte manchmal aus einer dunklen Ecke des Bunkers auf, erschreckte uns zu Tode, zeigte uns seinen Penis, oder lauerte uns mit der erhobenen Axt auf. Wenn ich den dann so sah, habe ich mir immer seinen Tod gewünscht.

Fernsehen durfte ich immer bis in die Puppen. Mutter war dann froh, weil ich eben still war. Das, was ich zu diesem Zeitpunkt so in mich hineinguckte, habe ich mir dann weiter ausgemalt. In meinen Träumen war ich der große Gangster. Ich glaube, die Fernsehkrimis haben mich da richtig angeheizt. Schön stillhalten, Glotze

gucken. Aber irgendwann mal kommt der Drang, was zu tun ...
Meine kriminelle Neigung wurde immer stärker. Ich fing an, meiner Mutter das Geld aus dem Portemonnaie zu klauen. Erst eine Mark, dann immer mehr. Ich konnte nicht mehr anders. Ihr ist nie etwas aufgefallen, bis ich eines Tages voll durchgedreht habe. Meiner Gewohnheit nach schaute ich in ihr Portemonnaie, und mich traf fast der Schlag. Da waren etwa zweihundert Mark drin. So viel Geld hatte ich noch nie beisammen gesehen. Ich griff sofort zu. Soviel Geld in meinen Händen.

Ich kam mir vor wie Al Capone persönlich.

Dann habe ich voller Stolz bei meinen Kumpels die Runde gemacht. Die waren natürlich alle begeistert. Zuerst einmal habe ich für alle Kuchen gekauft. Als ich dann das restliche Geld in Schnaps und Zigaretten umsetzen wollte, hat mir unsere Nachbarin — eine sehr resolute Frau — einen Strich durch die Rechnung gemacht.
Die hat das irgendwie mitgekriegt, das mit dem Geld, kam auf mich zugestürzt und hat gefragt, wo ich das her hätte. Als ich dann frech meinte »gefunden«, hat sie mir ein paar runtergehauen, mir das Geld abgenommen und wollte mich zu meiner Mutter bringen.
Ich habe mich aber losgerissen, bin getürmt und habe mich versteckt.

Na ja, irgendwann am Abend mußte ich dann nach Hause und da hat dann die Striemenpeitsche auf mich gewartet.

Von diesem Tag an ging's immer mehr bergab mit mir.

Meine Mutter hat dann einen Typen kennengelernt, der auch geschieden war.
Am Anfang machte er einen guten Eindruck auf mich, er hat uns Jungs immer was mitgebracht, und das fand ich dufte. Immer, wenn der Willi kam, hat er uns wie seine eigenen Kinder behandelt. Er hat auch zu meiner Mutter gesagt: »Ihr müßt raus hier aus diesem Bunker«. Dann hat er meine Mutter geheiratet, und wir sind umgezogen in eine Vier-Zimmer-Wohnung. Es war eine Sozialwohnung.

Dann kam Mareike, meine Stiefschwester zur Welt, und wir Jungs mußten ins Kinderheim. Die Erzieherinnen waren Nonnen, sehr streng zu uns Kindern. Vom Heim aus gingen wir in die Schule, auf die ich überhaupt keinen Bock hatte. Ich war bestimmt kein Musterschüler, hatte nur Dummheiten im Kopf. Die versuchten die Nonnen mir auszutreiben, indem sie mich, wie zu Hause, verprügelten. Half aber nichts.

Einmal sollte ich wegen irgendeinem Mist, den ich gebaut hatte, hundertmal »Ich bin ein

frecher Junge« auf ein Blatt Papier schreiben.
Ein andermal habe ich das Heimessen, das mir nicht schmeckte, rausgekotzt. Das sollte ich dann wieder aufkratzen und essen.
Habe ich aber nicht getan, ging mir total gegen den Strich.
Dafür wurde ich dann zur Obernonne gerufen, und die hat mir den nackten Hintern grün und blau geschlagen.

Die Prügel im Heim waren eine ständige Einrichtung.

Nach einem Jahr kam ich aus dem Heim raus und durfte wieder nach Hause.
Aber Schule war nicht das, was mir so vorschwebte. Da gefiel es mir schon besser, zusammen mit meinem Bruder Dieter die Schule zu schwänzen. Anfangs haben wir uns bei den Bauern ein paar Mark verdient, haben denen bei der Arbeit geholfen.

Als dann meine zweite Stiefschwester, die Kerstin, kam und wir wieder ins Heim mußten, sind wir dann ganz schön abgesackt. Nachts sind wir auf die Rolle gegangen. Und so haben wir auch die Nachtwelt gründlich kennengelernt.
Diese Welt war schöner als die am Tage, wo uns sowieso keiner haben wollte, wo alle Aufmerksamkeit sich jetzt auf meine Stiefgeschwister richtete. Was wir gemacht haben in der Nacht?

Wir haben die Freiheit, unsere Freiheit, gesucht. Wir sind klauen gegangen.

Und wenn wir gute Beute hatten, dann waren wir glücklich. Es war einfach gut, wir lebten auf in der Nacht. Klar, daß man da auch Zuhälter kennenlernt.

Für einen sind wir dann in Clubs auch klauen gegangen. Bis sie uns erwischt haben. Und mich haben sie natürlich als ersten erwischt. Haben mich dann zur Geschäftsleitung geschleppt und dort verprügelt. Als die Bullen kamen, war das Glück im Unglück: Zwei Onkel von mir sind bei den Bullen.
Da bin ich nochmal glimpflich bei weggekommen; aber Verständnis haben die für mich und meine Lage nicht gehabt.

Für mich gab es sowieso nur eine, die mich verstand: meine Oma. Irgendwie hat sie mich unter allen meinen Geschwistern bevorzugt. Und das hat mir unwahrscheinlich gutgetan. Es waren kleine und große Dinge, die sie für mich getan hat. Einmal hat sie mir vielleicht nur als erstem das Essen gegeben, ein anderesmal meinen Stiefvater zurechtgewiesen, wenn er wieder auf mir rumgehackt hat.
Oma hat mich geliebt. Sie war sanft und zart, einfach umwerfend, sie war der Mutterersatz für mich. Allerdings darf man jetzt nicht glauben,

daß ich unter dem Einfluß meiner Oma mit dem Mist, den ich so verzapfte, aufgehört hätte. Ich war weiterhin überall verrufen.

In der Schule verging kein Tag ohne irgendwelchen Zoff.
Und abends bin ich mit Dieter aus dem Fenster geklettert und abgehauen.
Außer unseren Klauereien haben wir jetzt auch angefangen, Alkohol zu trinken. Unsere große Freiheit war, die Nächte durchzusaufen.
Die Polizei brachte uns damals immer öfter nach Hause — dorthin, wo die Hölle los war.
Und wenn wir dann abgeliefert wurden, gings erst richtig los. Mein Alter hat uns nach Strich und Faden mit einem dicken Lederriemen bearbeitet.

Der fühlte sich zu Hause auch immer unwohler und hat gesoffen.

Es wurde ständig schlimmer mit ihm. Immer, wenn er besoffen war, hat er an der Familie seine Launen abreagiert. Auch meine Mutter, die von alledem fix und fertig war, hat von ihm ab und an was auf's Maul bekommen.

Nur seine Kinder, an die ist er nicht drangegangen. Wenn wir Kinder zusammen etwas ausgefressen hatten, haben immer Dieter und ich die Strafe bekommen. Seine Mädels waren immer unschuldig.

Das hat den Haß in mir ganz schön anwachsen lassen, ich wollte nix mehr mit meiner Familie zu tun haben.
Außerdem hatte ich so ein Gefühl, daß meine Eltern Dieter und mich auch nicht mehr haben wollten. Das Heim lag in der Luft.

Habe also Anschluß gesucht und mich noch stärker an die Kumpels rangehängt, die ich in der Umgebung unserer neuen Wohnung kennengelernt hatte.
Die hatten zu Hause meist die gleichen Probleme, und da tut man sich noch viel eher zusammen.

Fünf Jahre wohnten wir jetzt schon in der neuen Siedlung, die Straße hieß übrigens »Hamsterweg«. Mit diesem Namen konnte ich mich in Sachen »Klauen« voll identifizieren.

Was bei uns im Wohngebiet so los war, wußten alle. Auch die Bullen. Jeden Tag fuhr mindestens einmal ein Wagen Streife.

Klar, daß bei den Familien hier Alkohol eine große Rolle spielte.
Ich erinnere mich noch gut an die Leute, die für zwei Tage, wenn das Geld vom Sozialamt gekommen war, die Fürsten in der Siedlung waren.

Für den Rest des Monats hatten dann die Kinder nichts mehr zu beißen.

Die Siedlung, das war eine Ansammlung von Menschen, in denen man sich selber wiederfinden konnte.
Da war der eigene Lebensweg schon mit entsprechenden Beispielen markiert. Aber ich will nicht über die anderen herziehen, denn die waren nur ein Spiegelbild von einem selbst.

Die wollten alle raus aus dem Dreck, wollten alle frei sein, aber keiner schaffte es.

Erst recht nicht mit Geld, denn wenn sie welches hatten, wollten sie noch mehr. Um am Ende festzustellen, daß sie mit Geld ihre Freiheit nicht kaufen konnten.

Was wir Jungs aus der Siedlung so getrieben haben, war manchmal harmlos und manchmal echt gefährlich. Dem Obstmann haben wir immer geholfen, seine Kisten abzuladen. Klar, daß wir im Hinterkopf hatten, von ihm 'ne volle Kiste Obst geschenkt zu bekommen. Wir hatten Hunger. Und wenn er's nicht gemacht hat, haben wir uns die Kiste einfach geklaut. Aber eigentlich hatten wir zum Obstmann ein gutes Verhältnis.

Blödsinn und Dummheiten waren mein Spezialgebiet; und ich hab die anderen auch immer dazu rumgekriegt.

Als wir zum Beispiel verrostete alte Waffen aus dem Zweiten Weltkrieg in der Nähe von unserem Bolzplatz an der Emscher fanden, haben wir die sofort in Geld und das in Schnaps und Zigaretten umgesetzt.
Und dann haben wir wieder Fußball gespielt, das war 'ne Lieblingsbeschäftigung von uns.
Richtige knackige Kerle, immer beim Kicken die Kippe im Maul.

Und wenn der Suff und Zigaretten wieder aus waren, haben wir einfach was von unserem Schrottlager — Handgranaten, Pistolen, Maschinengewehre, Panzerteile — an den Schrotthändler verkauft.
Da gab's ordentlich Geld für. Dann waren wir die Fürsten in Sachen Schnaps und Kippen.

Klar, daß ich im Saufen schon richtig Übung hatte, und Zigaretten machten mir schon lange nichts mehr aus. Die Zeiten, wo ich nach ein paar Schnäpsen schon stinkbesoffen war oder mir vom Qualm übel wurde, hatte ich schon lange hinter mir.

Früher, als der Alte mitgekriegt hatte, daß ich soff und rauchte, hat er mich verprügelt. Aber die Schläge haben nichts mehr genützt, haben mich kaltgelassen.
Schließlich war er ja mein Vorbild, ich hab's von ihm abgekuckt, wie er sich Suff und Qualm reingezogen hat.

Wie kann mir ein Typ, der mir tagtäglich was Mieses vorlebt, mit Prügeln mein mieses Verhalten austreiben wollen?

Klar, wenn man selber Probleme hat, kann man doch niemandem was Positives rüberbringen. Da gibt's einen Kreislauf, eine Kettenreaktion. Da läuft das ab, was ich am eigenen Leib erfahren habe.

Der Alte grübelt, trinkt, die Arbeit macht ihn kaputt. Im Bett läuft nix mehr, er geht nicht mehr zur Arbeit, lebt vom Sozialamt.
Er schnauzt die Kinder an, weil er selbst angeschnauzt wurde, geht fremd und so weiter.

Die Alte wird nervös wegen der Zustände, kriegt umsonst 'ne Tracht Prügel, weil sie nervös ist. Redet mit der Nachbarin, weil sie fertig ist; die Hausarbeit bleibt liegen.
Die Alte und der Alte streiten sich. Keiner kann die Belastung durch den anderen noch länger ertragen.

Kein Tag, ohne daß die Fetzen fliegen. Und die Kinder immer dabei. Die Alten denken: Die kriegen nix mit. Irrtum.

Die Kinder werden unsicher, und die Eltern versuchen, das gradezurücken. Klappt nicht. Wo Liebe angebracht wäre, gibts eine saftige Tracht Prügel.
Liebe läuft nicht, man war ja böse. Wer böse war, kriegt Kälte.
Die Kinder wenden sich ab von den Eltern. Sie suchen Liebe, Wärme. Bei Ersatzeltern. Zum Beispiel bei der Oma. Ober bei Freunden.
Oder sie flüchten. In Alkohol und Zigaretten. Sie suchen 'ne Ersatzbefriedigung.

Schlußstrich unter die Eltern- und Kinderseite.
Ergebnis: Wir haben alles getan. Das Balg hat's nicht anders verdient.

So jedenfalls sah's bei mir aus, als das wahr wurde, was schon die ganze Zeit anlag.
Mein Bruder Dieter und ich kamen ins Heim.

Ich kann mich noch genau erinnern, wie die Fürsorge meinen Bruder Dieter und mich abgeholt hat.
Es waren zwei Frauen, die uns ganz freundlich begrüßt haben, aber mein Bruder und ich, wir haben uns nur einen Blick zugeworfen: Das ist alles nur Theater.
Was die Weiber hier spielen, ist Heuchelei, aber es ist ihr Job.

So heucheln wir tagtäglich, wir merken's nur nicht mehr. Aber

**das ist eine Masche, die nur vor Menschen gelten kann.
Vor einem anderen gilt sie nicht mehr.**

Während der Fahrt war mir ganz elend zumute.
Alles, was ich bis zu meinem zehnten Lebensjahr erlebt hatte, zog an mir vorbei.
Ich wußte, jetzt werde ich aus meiner Umgebung herausgerissen, und es gibt kein Zurück mehr.
Für mich und meinen Bruder Dieter genauso wie für Tausende von Kindern in der ganzen Welt.
»Was wird nur aus uns werden«, habe ich mir gedacht. Da haben die Frauen von der Fürsorge schon gerufen, daß wir gleich da sind.
Mußten sie auch, denn von den Gebäuden war von der Straße aus nichts zu sehen, Bäume versperrten die Sicht. Richtig kalt wirkten die Bauten auf mich, und als ob das Ganze verlassen wäre. Das täuschte aber gewaltig, denn es gab reichlich Leben hier:
Über zweihundert Typen mit einer Vergangenheit, die die meisten Menschen nicht begreifen können.

Rein zum Hauptportal, und der Heimleiter nahm uns in Empfang.
Freundlich die Hand geschüttelt, erklärt, wo wir hier sind und die Heimordnung heruntergerasselt.

Dann hat er über seine Sekretärin 'nen Typ bestellt, der den Dieter abgeholt hat.
Wir kamen nämlich in getrennte Abteilungen.

Als ich auf dem Weg in mein Zimmer war, hab ich den Typ mit Fragen bombardiert, denn mir war klar: Hier würde ich ein paar Jährchen verbringen.

Wir gingen quer über den Hof, wo ein paar Jungen Ball spielten, in ein großes Gebäude.
Meine Abteilung: Für schwererziehbare Jungen. Eine alte Frau war Leiterin der Abteilung. Dürr wie eine Bohnenstange, strenger Blick. Ich hab sie sofort gehaßt.

Hatte sowieso ne Abneigung gegen Weiber. War ne Schwäche von mir. Sollte sich aber bald ändern.

Zwanzig Typen waren in meiner Gruppe. Die haben mich von oben bis unten gemustert. Und ich hab auch gleich abgeschätzt: da sind ganz schön harte Brocken dabei.
Das sollte sich auch bewahrheiten. Auf jeden Fall hatte ich sofort Kontakt zu den Typen.
Das Alter unserer Gruppe lag zwischen zehn und siebzehn Jahren.

Im großen Schlafraum waren alle untergebracht. Für jeden ein Bett mit Bettkasten am

Kopfende, ein Schrank, eine Wand zwischen dem einen und dem nächsten Bett.
Das war's. Natürlich sollten die Wände verhindern, daß man nachts mit den anderen quatscht. War aber kein Hindernis für uns.

Das Abendbrot mußte man selbst aus der Küche holen. Nonnen haben das Essen gemacht. In dem Moment kam mir alles wieder hoch, ich haßte Nonnen wie die Pest, wurde sofort an das andere Heim erinnert.

Nach dem Abendessen mußten zwei Mann abwaschen. Dann war noch Zeit zum Spielen.
Die jüngeren mußten um neun im Bett sein, die älteren durften noch Fernseh gucken.

In der ersten Nacht habe ich nur geweint. Dabei bin ich einem der vier Nachtwächter wohl fürchterlich auf den Wecker gefallen. Am nächsten Morgen wurden wir von der Bohnenstange geweckt.
Ab in den Waschraum für alle.
Danach Schule. Ich kam in die vierte Grundschulklasse mit einem sehr strengen Pauker.
Wir hatten tagtäglich sechs Stunden Schule und mußten dann in Zweierreihen antreten, um wieder zur Abteilung zu marschieren. Morgens im gleichen Schritt und mittags im gleichen Schritt.
War eine harte Disziplin, wie beim Bund.

Mein einziger Trost am Anfang: Dieter war nur eine Abteilung unter mir. Wir waren also nah beieinander, und in der Schule haben wir uns jeden Tag gesehen.

Das Leben war hart im Heim, man mußte schon einiges durchstehen. Vor allen Dingen durfte man sich von den anderen nicht alles gefallen lassen. Unter uns Jungs zählte das Faustrecht. Der Stärkere hatte das Sagen, und wenn's auch ab und zu ein blaues Auge gab, so war man doch vor den anderen — und vor allem vor sich selbst — darauf stolz, zum harten Kern zu gehören.

Ist klar, daß die im Heim alles versucht haben, mich richtig zu erziehen.
Ich kann mich noch gut erinnern: Immer, wenn ich was ausgefressen hatte, hat mich die Leiterin vor der ganzen Gruppe gedemütigt.
Das war so ihre Masche. Wenn ich während des Essens laut war, mußte ich ohne Essen ins Bett. Und wer nicht ordentlich gegessen hatte, der hat auch ein paar geschossen bekommen.

Irgendwie war ich ein Glückspilz in Sachen Prügel. Wenn's irgendwo welche abzuholen gab, war ich immer dabei.

In diesem Zusammenhang erinnere ich mich besonders an einen Vorfall: An einem Gebäude wurde das Dach ausgebessert, und rundherum war alles abgesperrt.

Von der Schulleitung wurde extra angeordnet, daß sich keine Kinder in der Gefahrenzone aufhalten dürften. Und mein Pauker hat mir noch ne extra Predigt gehalten.
Aber wie ich mich selbst kannte, mußte Olli natürlich die Gefahr suchen. Ich blieb also nach der Pause draußen und habe mir die Dacharbeiten angeschaut. Natürlich ist mein Fehlen in der Klasse aufgefallen, und der Pauker hat mich durch das Fenster beobachtet.

Als ich dann vom Zugucken genug hatte und in die Klasse zurückgegangen bin, war schon alles zu spät: Wie ein Tier ist der Pauker mit einem großen Knüppel auf mich losgestürmt und hat mich vor versammelter Mannschaft fast eine Viertelstunde lang rumgeprügelt.
Überall, auch auf den Kopf.

Grün und blau hat er mich geschlagen. Er hat mich aber nicht kleingekriegt. Schließlich war ich sowas von zu Hause gewöhnt.

Auch die Bohnenstange hat die Prügelstrafe nicht gescheut.
Als sie ein Typ einmal abends während der

Duscherei mit »alte Ziege« angepflaumt hat, ist sie ausgeflippt.
Ging voll mit so einem Abflußsaugnapf auf ihn los, hat dem Typ die Hose runtergerissen und ihn nackt verprügelt.
Sie war selbst hinterher klatschnaß und hat sich in meinen Augen bei der ganzen Aktion nur lächerlich gemacht.

Das erste Jahr im Heim war vorbei, ich war jetzt mit meiner Umgebung gut vertraut, ich kannte jeden Winkel vom Gelände.
Das Gebiet rund um das Heim wurde landwirtschaftlich genutzt. Reichlich Mastschweine, um die hundert Rinder, und vierzehn Pferde gab's auch.
Eine Reithalle war da, und jede Heimabteilung hatte einmal in der Woche Reitunterricht.
Im Winter wurde die Reithalle zum Fußballspielen zweckentfremdet.

Im Sommer hatten wir genug Platz, uns auszubreiten.

Drei Fußballplätze, ein Handball-, ein Tennis- und ein Korbballplatz waren da. Der große Teich zum Schwimmen und ein riesiges Waldgelände drumherum für Geländespiele.

Im Winter haben wir auf dem Teich Eishockey gespielt.

Dabei gab's manchmal ganz schön üble Verletzungen.

Die ersten Jahre verbrachte ich Weihnachten im Heim. Die Bescherung für uns Heimkinder übernahmen amerikanische Soldaten, die zwölf Kilometer von uns entfernt stationiert waren.

In der Aula wurden die Geschenke aufgebaut, und ein Weihnachtsmann rief uns einzeln auf und teilte sie aus. Ich hab mich dann zwar immer riesig gefreut, war aber besonders an solchen Tagen in Gedanken bei meiner Oma. Ich hatte es immer noch nicht verwunden, von ihr getrennt zu sein.

Als ich so zwölf Jahre alt war, kam in der Winterzeit ein Erzieher auf mich zu und sagte zu mir: »Ich habe eine gute und eine schlechte Nachricht für dich«. Na, ich hab mir nix dabei gedacht und locker gesagt: »Erzähl mal«. Er lächelte mich freundlich an und sagte: »Du darfst Weihnachten nach Hause fahren«. Zu diesem Zeitpunkt war ich knapp drei Jahre im Heim, und das war mein erster Urlaub.

»Und die schlechte Nachricht?« fragte ich. Als er ganz superfreundlich wurde, war mir klar, daß es etwas Schlimmes war. »Deine Oma ist gestorben«, meinte er ganz trocken.
Vor der ganzen Gruppe hat er mir das gesagt.

In dem Moment dachte ich, mein Herz würde aufhören zu schlagen.
Meine liebe Oma tot, das wollte ich nicht wahrhaben.
Ich bin total durchgedreht, auf die Toilette gerannt und habe mich dort eingeschlossen. Stundenlang habe ich wie wahnsinnig geheult.
Mir kamen die ganzen Erinnerungen hoch, die schönen Zeiten mit ihr.
All das, was sie mir Gutes getan hatte. Ich konnte es einfach nicht begreifen, daß sie tot sein sollte.

Obwohl ich von mir dachte, daß ich ein ganz harter Brocken bin, habe ich sehr lange Zeit um meine Oma getrauert.

Ich hatte mir in den Kopf gesetzt, auf jeden Fall bei ihrer Beerdigung dabeizusein.
Zu diesem Zeitpunkt war ich allerdings in eine neue Abteilung gekommen, und als ich den Erzieher fragte, ob ich zur Beerdigung nach Hause fahren dürfte, meinte er nur trocken: »Was willste denn da?«

Ich durfte also nicht, und hab mir damals geschworen, so schnell wie möglich aus diesem Heim abzuhauen. Das hab ich aber nicht geschafft.

Und so ging der Trott im Heim weiter. Von der Grundschule in die Hauptschule zu kommen,

hatte ich nicht geschafft, also kam ich in die Sonderschule. Wenigstens da wollte ich der Beste sein, aber meistens hat's nur dazu gereicht, bei Schlägereien der Beste zu sein.
Und auch da nicht immer.

Hatte mich doch eines Tages so'n Typ angemacht in der Schule.
Und ich natürlich die Herausforderung angenommen. Es dauerte nicht lange, und ich lag bewußtlos auf dem Schulhof. Dem hat mein Bruder dann die Fresse eingeschlagen, daß er wochenlang mit blauen Augen und Prellungen herumlief.
Tja, mein Bruder war gefürchtet bei den Jungs und bei den Erziehern. Und wir Brüder hielten zusammen. Bis zum bitteren Ende.

»Entweder du oder der andere«, das hatte uns unser Alter eingetrichtert. »Haut drauf, bis ihr nicht mehr könnt, mit Händen und Füßen. Im Notfall auch mit dem erstbesten Gegenstand, den ihr erwischt.«

Was sich so knallhart anhört, waren aber eigentlich die Methoden, die sie im Heim auch hatten. Da gab's zum Beispiel ein Heimgefängnis, wo die ganz harten Jungs manchmal eingebuchtet wurden.

Ein alter Nazi-Anhänger war da Richter. Der hat's immer mit 'nem dicken Gummischlauch gebracht.

Und der Gärtner war nicht viel besser. Seitdem ich beim Unkraut jäten mal 'ne Erdbeere geklaut hatte, stand ich auf seiner Liste.
Er hat mir dafür mit der Faust ein paar reingeschlagen. Von diesem Moment an habe ich ihn gehaßt. Am liebsten hätte ich ihn umgebracht. Stattdessen habe ich dann mit Absicht seine Beete zerstört und mit der Steinschleuder auf ihn geschossen.

Statt Liebe habe ich im Heim Haß erfahren. Und der Haß in mir ist ständig gewachsen.

Jetzt meinst Du vielleicht, der kann mir viel erzählen, wenn der Tag lang ist. Aber glaub' mir, ich bin nicht der einzige, der so etwas mitgemacht hat.
Ich kenne reichlich Typen, denen es genauso ergangen ist.
Viele von denen sitzen jetzt schon im Knast. Für ein oder zwei, vielleicht auch fünf oder zehn Jahre.
Oder auch lebenslänglich. Und das, weil in ihrer Kindheit alles danebenging.

Hallo, ihr Politiker, ihr Bürgerlichen. Helft uns, oder gebt uns jemanden, der armen Schweinen helfen kann. Aber wahrscheinlich sind wir nur ne Nummer in eurem Computer. Ne Nummer, die nichts einbringt.

Vor zweitausend Jahren gab's mal einen Typ, der hat gesagt, er gibt uns lebendiges Wasser — umsonst.
Ich habe damals viel Durst gehabt. Nur habe ich den damals nicht gesehen, der mir's hätte geben können.
Klar, in die Kirche mußten wir vom Heim aus gehen; sonst setzte es Prügel.
Mit Zwang und Prügel blieb Jesus aber tot in meinem Herzen.

Mein Bruder Dieter, den sie jetzt »Berber« nannten, wurde ein Jahr vor mir aus dem Heim entlassen.
Er ging zu einem Bauern in die Lehre, und so wurden wir getrennt.

Als meine Entlassung an die Reihe kam, hatte mir das Heim eine Maler- und Lackiererlehrstelle besorgt.
Dieses Handwerk wollte ich erlernen. So kam ich in ein Kaff mit fünfhundertsechzig Einwohnern,

wo jeder jeden kannte. Ich wohnte beim Meister. Ist natürlich viel erzählt worden. Wahres, Halbwahres und Unwahres. Und wenn ich jetzt gedacht hatte, nun wirst du wie ein Mensch behandelt, dann hatte ich mich getäuscht. Zehn Stunden Arbeit am Tag und samstags noch Berufsschule.
Mit sonem Typen wie mir konnten sie's ja machen.
Verkrachte Existenz, Heimkind, Sprachfehler. Mit Worten konnte ich mich überhaupt nicht widersetzen. Draufschlagen, das konnte ich.

Mein Meister hat von mir verlangt, daß ich sonntags in die Kirche gehen sollte.
War also wie im Heim. Aber davon hatte ich die Schnauze voll. Also hab ich ihn ausgetrickst. Der Meister saß meistens ganz vorn bei der Elite des Dorfes. Ich stand hinten.
Wenn er mich gesehen und mir zufrieden zugewinkt hatte, bin ich raus. Zum Frühschoppen mit den anderen Dorfburschen.
Die haben reichlich gesoffen, und wenn ich mit denen gepokert hatte und gewonnen, habe ich auch alles versoffen. Da konnte mir mein Meister gestohlen bleiben. Überhaupt habe ich mich vor dem nicht gefürchtet, sondern immer schön Kontra gegeben.

So wie der mir gegenüber aufgetreten ist, habe ich am Anfang immer gedacht, der macht wirklich etwas für dich.

Später habe ich dann erfahren, daß das Heim alles bezahlt hat. Zum Beispiel auch, wenn er mir einen neuen Anzug gekauft hat.

Der hat also treu und brav das Lehrlingsgeld vom Staat genommen und mir dann zehn Mark die Woche ausbezahlt.
Bei den anderen stand ich natürlich dumm da, wenn wir zum Saufen weggegangen sind. Also habe ich verstärkt angefangen, Karten zu spielen.
Darin hatte ich irgendwie Glück und habe samstags meistens um die hundert Mark gewonnen.

Gewundert hat es die Leute schon, daß ich als Bürschchen schon so stark saufen und pokern konnte.

Hab auch immer mit den Älteren zu tun gehabt und kannte nach einiger Zeit fast jeden im Dorf.

In der Berufsschule haben die Jungs gemeint, sie müßten mir eins draufgeben, von wegen Heimkind, Analphabet, Sprachfehler und so. Hab dann dem einen Typ gesagt, er soll aufhören mit seinen Sticheleien. Hat ihn aber nicht gejuckt, und er hat immer weiter gestänkert.
Als er dann nach der Schule mit mir ne Schlägerei angefangen hat, hab ich ihn krankenhausreif geschlagen.

Drei Monate lag er dort. Mir konnte man nicht an den Karren fahren, ich hatte Zeugen, daß er angefangen hatte.

Das blieb also ohne Folgen, aber trotzdem kam dann ein blauer Brief zum Meister angeflattert. Da hat er mich zwar reichlich angeschnauzt, aber das ist voll an mir abgeprallt.

Als mich der Meister einmal mit 'nem Knüppel prügeln wollte, bin ich in Kampfstellung gegangen und hab ihm zugerufen: »Na los, worauf wartest Du noch?« Ich hätte ihn totgeschlagen, mir war das in dem Moment alles scheißegal. Hat mein Meister aber wohl nicht erwartet, daß ich mich wehre.
Er hat dann ne knallrote Bombe gekriegt und ist abgehauen.

Daß ich mit dem Kind meines Meisters gespielt habe, haben sowohl er als auch seine Frau nicht gern gesehen. Für die war ich eben ein gehirnloses Stück Vieh. Und entsprechend war auch meine Unterkunft.
Ich habe direkt neben dem Kuhstall meine Kammer gehabt. Die hat der Meister sonst als Räucherkammer genutzt. Ein Bett, ein Schrank, ein Stuhl und ein Tisch waren drin, mehr nicht.
Ach ja, noch ein Waschbecken, in dem ich mir den täglichen Schmutz aus der Werkstatt abwaschen durfte.

Duschen konnte ich zwar auch einmal die Woche, aber gern gesehen war das nicht. Ich habe dort wie die Knechte und Mägde auf einem Bauernhof im achtzehnten Jahrhundert gelebt.

Und entsprechend hat mich mein Meister auch ausgenutzt. Ehrlich, der Typ war reich, der Typ hatte von allem reichlich; mehrere Häuser, Ländereien und einen Stall mit fünfhundert Schweinen.

Es ist wirklich eine Schande, daß es solche Abhängigkeitsverhältnisse auch heute noch gibt. Aber was kann einer dagegen tun, der über seine Rechte noch nie richtig aufgeklärt worden ist?

Du kommst aus 'nem Sumpf raus und sinkst wieder im Sumpf ein.

Du wirst hineingetrieben, und wenn du dich wehrst, bist du das Schwein.

Mein einziger Lichtblick während meiner Lehrzeit war der Bruder des Meisters. Der hat mich als Mensch gesehen und mich auch so behandelt.

Von Zeit zu Zeit sind alle Ehemaligen vom Heim zu einem Zeltlager eingeladen worden. Natürlich war ich da immer dabei, denn es tat gut, mal ne Weile vom Meister weg zu sein. Im Rudel

habe ich mich dann wieder wohl gefühlt; da konnte ich ich selber sein, ohne Komplexe.
Jeder wurde so akzeptiert, wie er war, und die sechs Wochen waren immer eine richtige Erholung für mich.

Also, es war Mai und das Zeltlager lag an. Kam der Meister auf mich zu und meinte: »Rainer, das Zeltlager ist dieses Mal früher angesetzt als sonst, und Du kannst wieder hinfahren.«

War ich vielleicht happy! Weg vom Meister und zusammen mit den Kumpels.

Ich hatte abends schon meine Klamotten gepackt, denn am Morgen sollte es zum Heim gehen und von da aus mit dem Bus ins Zeltlager. Drückt mir doch der Meister am Morgen 'nen Hunderter in die Hand. Ich war völlig platt.

Ich bin in Freudenstimmung im Heim angekommen, rein und alle freundlich gegrüßt.
Hin zum Direktor, der Pfaffe war auch da, und die Hand geschüttelt. »Na, wann geht's denn los, und warum ist das Zeltlager diesmal so früh angesetzt?« hab ich gefragt.

Und da haben die mir gesagt: »Gestern hat Dein Meister hier angerufen und gesagt, er wird mit Dir nicht mehr fertig. Er will Dich nicht mehr haben«. In mir ist in diesem Moment eine Welt

zerbrochen, ich habe angefangen zu weinen.
»Dann hat das Schwein mich also auf diese Art und Weise abgeschoben!« hab ich gebrüllt.

Inzwischen standen schon etliche Erzieher um mich herum, falls ich ausflippen würde.

Mir tat alles so weh; und dann kam wieder der Haß in mir hoch.

Ich hab' sie alle gehaßt, alle um mich herum. Den Staat und alle, die beim Staat angestellt waren.

Und trotz dieses Hasses war mir klar, was dieser Vorfall für mich bedeutete.

Erziehungsanstalt, wieder einmal Erziehungsanstalt. Aber dieses Mal die geschlossene, die für die ganz harten Jungs.
Vielleicht konnte mich die Mauer um mich herum gegen dieses Schicksal abriegeln.
Meine Mauer aus Haß, die auch eine Bombe nicht sprengen konnte.

So wurde ich in die geschlossene Anstalt im Kohlenpott eingeliefert.
Klar, daß das alte Spiel von neuem losgehen mußte, zu gut kannte ich das schon von früher.

Und trotzdem kam alles etwas anders. Zunächst einmal hatte ich in dieser Anstalt zusammen mit

einem Typen ein Doppelzimmer.
Er war in Ordnung, hatte die gleiche Vergangenheit wie ich, und wir verstanden uns auf Anhieb.
Man brauchte einfach dem anderen nichts vorzumachen. Nach einiger Zeit haben wir alles miteinander geteilt.
Zigaretten und Alkohol, Schallplatten und Geld. Jeder durfte an die Sachen des anderen ran. Wir mochten einander sehr; fast wie Brüder.

Natürlich gab es auch ganz knackige Typen bei uns, mit einer noch knackigeren Vergangenheit, als wir sie zu bieten hatten.

Mustern und einstufen, das alte Spielchen. Mich hatten sie in die Kategorie »schwach« gesteckt, wegen meines Sprachfehlers. Aber nachdem ich mich das erstemal gewehrt hatte, sah die Sache schon ganz anders aus.

Angst vor irgend etwas hatte ich keine mehr. Wovor denn auch, mein Leben war ja ohnehin total versaut.

Vom Heim aus haben die versucht, mich wieder in die Gesellschaft einzugliedern, haben mir in der Stadt wieder eine Stelle als Maler- und Lackiererlehrling besorgt. Das war dann doch einmal eine Abwechslung zum stumpfsinnigen Trott in der Anstalt.

Trotzdem: Auf der Arbeit wurde ich nicht für voll genommen, weil ich aus dem Heim kam. Allerdings war's nur der Vorarbeiter und der Geselle, die so stichelten.

Und obwohl ich denen liebend gerne ein paar auf's Maul gehauen hätte, bin ich dann doch zum Chef hingegangen. Der hatte nämlich noch mehr Typen aus dem Heim bei sich angestellt und hat auch ganz schön was dagegen gehabt, wenn uns irgendwer deshalb angegiftet hat.

Der stand voll hinter uns und hat es auch gezeigt.

Den Vorarbeiter hat er ermahnt und den Gesellen entlassen.

Er war in Ordnung. Zum ersten Mal in meinem Leben war mir ein Mensch begegnet, der mich so annahm, wie ich war.

Irgendwie habe ich dann sogar einen kleinen Aufstieg gemacht in der Firma. Ich war der Oberlehrling, hatte die Werkstatt zu betreuen; und wenn freitags die Werkzeuge saubergemacht wurden, habe ich die Arbeit an die Jungs verteilt. Man kann fast sagen, ich war der Liebling vom Chef.

Will schon was heißen, denn immerhin war es eine große Firma mit achtzig Angestellten und vielen Lehrlingen.

Aber der Haß hatte sich zu stark in mir aufge-

staut. Wenn ich nur früher so etwas erfahren hätte!
Die Ungerechtigkeiten, die ich schon ertragen hatte, waren zu stark und übermächtig.
Ich wollte die Freiheit — oder das, was ich darunter verstand.

Die Gesellschaft hatte mir ihren Stempel aufgedrückt, und der brannte.

Alkohol kam immer stärker mit ins Spiel. Der betäubte und putschte auf.
Ich war abhängig geworden von Zigaretten. Zwei bis drei Päckchen rauchte ich am Tag. Diskutieren wollte ich nicht mehr. Draufschlagen und dann weitersehen war meine Devise.

Zu meiner Aggression trug die strenge Hausordnung im Heim ihren Teil bei. Nur alle sechs Wochen samstags Ausgang, das ist einfach zu stark. Ansonsten jeden Abend Glotze bis in die Puppen.
Und als ich dann endlich Ausgang hatte, war es soweit:

Ich sollte zum Jugendtreff kommen, wo die anderen Kumpels auch waren. Und irgendwie wollten die testen, was mit mir anzufangen ist.

Das habe ich ihnen dann auch gezeigt. Habe eine Massenschlägerei veranstaltet, daß die Fetzen geflogen sind. Und damit den Namen, den die Anstalt schon hatte, noch ein bißchen aufgebessert. Jedenfalls, wenn es hieß: »die aus dem Kloster kommen«, dann war erstmal Respekt da. Und wir konnten uns aufspielen wie die Fürsten.

Zu diesem Zeitpunkt habe ich auch angefangen zu kiffen. Marihuana.
Das hat mich für ein paar Stunden die Welt draußen vergessen lassen.
Auch in der freien Zeit in der Anstalt, wenn kein Ausgang war, haben wir dann geraucht. Dazu Musik gehört: Uriah Heep, Deep Purple, Santana. Und immer den Joint kreisen lassen. Mal ist ein Erzieher reingekommen; hat natürlich sofort gerochen, was los war, und wollte dick auftragen. Der hat was auf die Schnauze bekommen, da war Ruhe.
Nicht auch noch den letzten Rest der Freiheit sollten die mir klauen.

Aus unserer Clique heraus habe ich dann eine Bande gegründet, und wir sind oft klauen gegangen. Autos geknackt und so weiter. Und ganz schnell mit der Polizei in Konflikt gekommen.
Und weil ich immer noch mit einem blauen Auge davonkam, war das die neue Welt für mich. Ich hatte die Schnauze endgültig voll von der Erziehungsanstalt und bin abgehauen.

Habe mich dann beim Zirkus Hagenbeck beworben und war dort Zeltarbeiter.
War 'n Knochenjob, aber es war auch interessant, ein paar Artisten persönlich kennenzulernen.
Die Kumpels, mit denen ich beim Zirkus zusammenarbeitete, kamen aus dem gleichen Milieu wie ich. Die kannten auch nur Saufen, Drogen, Hurerei und Schlägereien. Aber Kameradschaft war da. Wo wir zusammen waren, haben wir zusammengehalten. Einer für alle, und alle für einen. Wir haben auch immer umsonst zu saufen bekommen in den Pinten. Wer da nicht mitgemacht hat von den Kneipiers, dem haben wir die Kneipe kurz und klein geschlagen.
In die Zeit rein kam gerade das neue Gesetz. Mit achtzehn volljährig. Und für Olli stand an: geht's mit ihm bergauf oder bergab?

Eigentlich waren alle Vorzeichen so, daß ich aus der Scheiße rauskommen konnte. Ich wohnte in nem freien Heim und hatte wieder 'nen Job.
Zum ersten Mal konnte ich mich so richtig frei bewegen. In dem Lehrlingswohnheim war einfach ne andere Atmosphäre als in den Anstalten.
Und die Kumpels, die ich jetzt kannte, waren auch nicht so harte Typen wie die anderen vorher.

Und trotzdem: der Alkohol hat schnell einiges wieder kaputt-

gemacht. Klar, Olli war immer dabei, wenn's ums Saufen ging.

Aber die anderen Jungs hatten sich dann einfach nicht mehr unter Kontrolle.
Ich kann mich noch gut an eine Situation erinnern, da hatten zwei andere Kumpels und ich uns vorgenommen, uns volle Kanne einen reinzusaufen. Wir holten uns zwei Kästen Bier, eine Flasche Schnaps und soffen abends wie die Schweine. Aber jetzt kommt der Gag: die beiden Kumpels hatten die Absicht, mich besoffen zu machen und dann zusammenzuschlagen.
Doch nach einigen Flaschen Bier und ein paar Schnäpsen durchschaute ich ihre Absicht.
Sie fingen plötzlich an, mich anzupöbeln, eine dicke Lippe zu riskieren. Ich schnappte mir die beiden und schlug sie krankenhausreif.

In mir war eine solche Wut, und der Haß brach so übermächtig aus mir heraus.
Diese linken Schweine, mit mir konnte man Pferde stehlen, so ein Kumpel war ich. Und dann so ne fiese Masche. Von diesem Zeitpunkt an habe ich mir vorgenommen, meine Saufkumpanen besser auszusuchen.

Dann war da noch die Story mit dem Typ aus dem Lehrlingswohnheim.
Das war ein Kerl mit der Kraft von einem Stier. Zwölf Mann konnten den nicht halten, wenn er

durchdrehte. Er und ich saßen alleine im Fernsehraum vom Lehrlingswohnheim, als er mir gegenüber eine große Schnauze hatte.
Er hatte wohl ein paar Bierchen zuviel reingezogen und meinte, sich mit mir anlegen zu können.
Ich sagte zu ihm: »Wenn Du nicht gleich Ruhe gibst, schmeiße ich Dich aus dem Fernsehraum raus.«
Ich wollte einfach nur in Ruhe in die Röhre kucken.
Auf einmal sagte mir mein Instinkt: »Duck' dich«, und da traf mich auch schon die volle Pulle Bier.
Und er gleich hinterher.
Wie ein Wahnsinniger stürzte er auf mich los.
Ich krachte mit dem Stuhl zusammen und machte gleich eine Rolle weg.

Als erfahrener Ringer wußte ich: bei dem kommst du mit den Fäusten nicht weiter.
Also schnappte ich mir einen Stuhl und knallte ihm den über den Schädel. K.O.
Wenn ich den Typ nicht so ausgeschaltet hätte, er hätte mich glatt umgebracht.

Nach diesen beiden Erlebnissen war ich das Lehrlingswohnheim satt. Nahm Kontakt auf mit meinen früheren Kumpels, die ich schon von Kindesbeinen an kannte, und ging nach Recklinghausen.

Unsere Gang war im Schnitt immer mit fünfzig bis siebzig Leuten besetzt.

Ich wurde Präsident, zusammen mit Berber, meinem Bruder Dieter. Jeder hatte einen Bock oder ein Auto, und wir haben uns auf unseren Touren schnell einen Namen im Kohlenpott gemacht.

Mensch, könnte ich Dir Stories erzählen aus dieser Szene, Kumpel. Aber muß ich das, steckst Du nicht auch in irgendeiner Szene drin?

Bist 'n Chaot, 'n Penner, Punk oder Popper? Freak oder Rocker? Weißt Du, was das heißt, in Massenschlägereien auszuflippen?

Du findest Dich da also irgendwo wieder?

Dann reich mir die Hand und wir erzählen uns noch ein paar von den Sprüchen, die die Gesellschaft für uns parat hat.

Etwas über diese irren, wirren Chaoten, die eine Pest für den Normalbürger sind.

Heutzutage kommst Du ja ganz schnell in eine Kategorie.
Brauchst nur ein paar bestimmte Äußerlichkeiten zu haben. Als Punk mit einem besonderen Haarschnitt. Als Rocker im Lederzeug auf einem heißen Bock. Oder als alternativer Freak: lange

Haare und Drogen. Pennbrüder: die stinken ja meilenweit gegen den Wind. Oder die Knackis: überall tätowiert, auch im Gesicht. Davon bin ich auch einer.

Alle sehen nur das Äußerliche. Daß viele im Herzen arme Schweine sind, will keiner sehen.

Dumme Sprüche machen darüber, das können sie. Und das kotzt mich an.
Ja, Kumpel, dazu zähle ich auch: zu den kaputten Assis.
Das war die Szene, in der ich großgeworden bin.
Und um da rauszukommen, mußte schon ein Wunder geschehen. Und genau das ist passiert.

Mit Gott und Jesus hatte ich bis dahin nix am Hut, die konnten mich kreuzweise.
Eigentlich war alles klar, ich war wieder drin in meiner gewohnten Umgebung.

Und doch — in mir drinnen fühlte ich eine ziemliche Leere. Hab mich nach Geborgenheit, nach Liebe und nach Wärme gesehnt, aber wo war sie?

Bei den Kumpels meiner Gang fand ich sie nicht.

Alkohol, Marihuana, Schlägereien, Tussis, Diskos, Straßenschlachten, Bullen und jahrelang Erziehunganstalten; das war mein Leben.

Zuviel, es wurde mir auf einmal zuviel.

Und dann war da noch eine Sache, die damals gerade ablief:
Ich mochte eine Tussi wirklich gern, dachte, da kriegste 'n bißchen Liebe und Geborgenheit. Sie wollte aber nur ein guter Kumpel sein, nix mit Bumsen und so. Hab sie auch zu nichts gezwungen, und die hat mich dann mit 'nem Kumpel von mir betrogen. Kam gerade aus 'ner Disko raus, wo ich noch ein paar Halbe abgekippt hatte, da stand einer meiner Jungs da: »Deine Tussi hat Dich abserviert.« Aus!

Da hatte ich einfach einen Kurzschluß. Mach Schluß, Olli!

Vielleicht solltest du dich umbringen!
Bring dich um, Olli!

Mir fielen sofort zwei Brücken ein, die Kanalbrücke und die Emscherbrücke. Habe mir gedacht, wenn es bei der ersten nicht klappt, dann eben bei der zweiten.
Gehe also auf die Kanalbrücke und denke mir, wenn gerade ein Schiff drunter wegfährt, klatsche ich drauf und bin weg.

Bin aber gerade neben dem Schiff gelandet.

Also versuchte ich es noch einmal auf der Emscherbrücke.

Wollte mich gerade loslassen, da stand eine kleine, freundliche Frau vor mir.
»Hören Sie doch auf mit dem Scheiß!« sagte sie.
»Kommen Sie, unterhalten wir uns bei einer Tasse Kaffee oder Tee über Ihre Probleme.«

Sie strahlte eine solche Ruhe und Gelassenheit aus, daß mich das tief beeindruckte.

Wie ein folgsames kleines Kind bin ich dann über's Geländer gestiegen und hab mich zu ihr ins Auto gesetzt.
Und dann konnte ich alles, was mir auf dem Herzen lag, einmal bei einem Menschen loswerden. Sie hat mir zugehört, richtig zugehört, wo findest du das denn heute noch?
Das alles hat mich tief beeindruckt.

Warum gerade diese Frau? Wie kam es, daß sie auf mich aufmerksam geworden ist?

Sie war auf dem Weg nach Frankfurt und hatte sich im Kohlenpott verfahren.
Und dabei hatte sie mich auf der Brücke entdeckt.

Heute weiß ich, daß es kein Zufall war.
Heute weiß ich, daß diese Frau von Gott gelenkt wurde.

Sie selbst ist eine Christin, glaubt an Jesus Christus, der für unsere Sünden am Kreuz gestorben ist.

Und diese Frau sagte einfach: »Ja«, als ich sie fragte, ob sie mir aus dem Sumpf heraushelfen wolle.

Sie sagte: »Ja, ich nehme Dich mit nach Frankfurt!«
Erkundigte sich noch, ob ich Schulden hätte.
Und zahlte auch einige hundert Mark, die für meine Zimmermiete noch offenstanden.

Ich war baff, daß sich ein Mensch, den ich nicht kannte, mit einem Typen wie mir auf so was einläßt.

Wir fuhren dann noch zu meinen Kumpels hin, ich kurbelte die Autoscheibe runter und schrie allen zu: »Ihr könnt mich alle mal! Ich habe von euch die Schnauze gestrichen voll.« Erzählte ihnen, daß die Frau mir neuen Mut gegeben habe, und daß ich in Frankfurt neu anfangen wolle.

Mein Bruder schrie zurück: »Bist doch schwul, Olli, in Frankfurt wirste wieder im Puffmilieu landen, wie es bei Dir üblich ist!«
»Fahr los und gib Gas«, sagte ich nur noch zu der Frau.

Die hatte übrigens auch einen Namen. Sie hieß Dorle und war Lehrerin in Frankfurt. Sie war ein absolut dufter Kumpel, wir kamen prima miteinander aus.

Sie hat mich vier Monate bei sich wohnen lassen und damit einiges auf sich genommen. Selbst in dieser vornehmen Wohngegend, wo sie zu Hause war, tuschelten die Leute und sagten: »Die hat sich ihren Liebhaber aus dem Kohlenpott mitgebracht«. Dabei lebten wir wie Bruder und Schwester zusammen. Die Zeit mit ihr war einfach gut. Sie ging unwahrscheinlich sensibel mit mir um.
Und selbst als ich auf ihre Frage, ob ich nicht einmal mit in die Jugendstunde ihrer Christengemeinde kommen wollte, sehr ablehnend reagierte, hat sie mich nicht weiter bedrängt. Aber weil ich das Gefühl hatte, die macht nicht nur Sprüche, sondern handelt auch danach, ist das Elefantenbaby Olli dann doch zu ihrer Baptistengemeinde mitgegangen.
Wir saßen alle beisammen, ich wurde vorgestellt, dann wurde gesungen und gebetet.

In mir kam alles hoch: Was sind das nur für Chaoten und Halleluja-Sänger!

Auf der anderen Seite fand ich es wieder gut, daß sie alle sehr liebevoll miteinander umgingen

und jeder so angenommen wurde, wie er war. Das fand ich schon dufte. Deshalb bin ich dann auch regelmäßig zu den Veranstaltungen hingegangen.
Ich bin zwar hingegangen, hatte aber keinen inneren Bezug dazu.
Ich konnte Jesus Christus einfach nicht als meinen Herrn und Heiland annehmen.
Und so kam es, was mein Bruder mir prophezeit hatte: Nach den Gottesdiensten tauchte ich in Frankfurts Puffs unter.

Ich hatte zwar nach vier Monaten in Frankfurt mein eigenes Zimmer und 'nen Job als Maler, aber im Herzen einfach keinen Frieden.

Und obwohl es hier Menschen gab, die auf mich eingingen, bin ich sang- und klanglos aus Frankfurt verschwunden.
Zurück in den Kohlenpott und zurück zu meiner Clique.

Als ich ankam, machte mein Herz einen Hüpfer. Ich war wieder zu Hause. Im wahrsten Sinne des Wortes, denn ich wohnte jetzt wieder bei meinen Alten.

Bei denen war ich nun gut angesehen, denn ich legte am Monatsende Kohlen auf den Tisch.
Und das fünf Monate lang.

Also, ich schuftete wie ein Irrer unter Tage, denn ich brauchte schon allein über tausend Piepen im Monat für Fusel und Kippen.

Suff, Schlägereien, Sauereien.
Und das volle Kanne.
Ich war wieder drin in der Szene.

In dieser Zeit habe ich auch etliche Gerichtsverhandlungen gehabt; mußte mal für vierzehn Tage in den Jugendbau und habe auch zehn Monate auf zwei Jahre Bewährung bekommen.

In dieser Sache hatte ich eine ganz miese Type als Bewährungsfritze. Der hat immer nur Sprüche abgelassen, die mir total auf die Nerven gingen.

Irgendwann habe ich dann dichtgemacht; mir war alles scheißegal. Hab meine letzten Kohlen von der Bank abgehoben und mir eine Fahrkarte nach Hamburg gekauft.
St. Pauli — der Traum von Freiheit und Abenteuer.

Ich war so richtig happy, als ich im Zug saß. Ich freute mich schon auf meine Zukunft in St. Pauli.
Und nun sollte es wahr werden. Der Zug lief im

Bahnhof ein. Es war ein tolles Gefühl für mich, als ob ich in den Flitterwochen wäre.

Bin sofort auf die Reeperbahn und habe mich dort ausgetobt.
Habe gesoffen und gehurt. Alles nur Erdenkliche habe ich angestellt.
Endlich hatte ich meine Freiheit gefunden, dachte ich.

Aber die Wirklichkeit sah anders aus.
Meine paar hundert Piepen waren innerhalb von ein paar Stunden weg.
Jetzt wußte ich nicht, wo ich bleiben sollte.
Habe dann für eine Mark im Pennerwohnheim übernachtet.

So landete ich bei den verachtetsten Typen von ganz Deutschland.
Ich war total unten.

Hab' den absoluten Mist gebaut in Hamburg.
Menschen überfallen und halbtot geschlagen.
Ich weiß nicht, ob einer auf der Strecke geblieben ist. Bin in die Schwulenszene eingestiegen.
Hing voll am Fusel. Tagtäglich.
Und habe natürlich sofort die entsprechenden Kumpel gehabt.
Das ging über Monate. Bald kannten alle mei-

nen Namen: Die Zuhälter, mit denen ich Krach hatte und die Bullen, vor denen ich auf der Flucht war.
Langsam aber sicher ging ich total vor die Hunde.
Eines Tages hing ich zufällig in der Talstraße in St. Pauli rum und da stach's mir direkt in die Augen. Auf einem Schild stand in dicken, blockigen Buchstaben:
Jesus lebt in St. Pauli.

»Verfolgt er mich auch schon hierher«, dachte ich mir.
Mitten in St. Pauli war eine Station der Heilsarmee.

Der große, breite Typ in der Heilsarmeeuniform am Eingang hat mich dann zu einer Tasse Kaffee und einem Stück Kuchen eingeladen. Wenn der noch ein bißchen so weiterredet, kriegt er ein paar in die Schnauze, hab ich mir gedacht, bin aber dann doch mitgegangen. Hab ihm dann meine Frankfurtstory erzählt, die ganze Sache mit der frommen Szene dort. Und hab dann auch noch ein paar Sprüche gekloppt, die ihm anscheinend gut gefallen haben. Jedenfalls war er der Meinung, daß sie so Typen wie mich gut gebrauchen könnten.
Ob ich nicht Lust hätte, mit den Leuten von der Heilsarmee auf die Straße zu gehen. Und ich hab prompt »Ja« gesagt.

Eigentlich wollte ich nur eine Show abziehen bei der Heilsarmee. Aber am Ende war ich der Blamierte, denn Gott spielte nicht mit in meiner Show.

Die kleine Gruppe von der Heilsarmee stand inmitten von Pennern, Zuhältern, Prostituierten, Assis und sang: »Gott lädt uns ein zu seinem Fest, laßt uns gehn«.
Und der Olli sang treu und brav mit.

Mir ist das nicht mehr aus dem Kopf gegangen, und als ich wieder einmal durch den Park zur Arbeit ging — wieder als Maler und Lackierer — kam es in mir hoch:
»Olli, stell dich jetzt den Bullen«. »Nein«, sagte ich, und das ging dreimal so.
Ich wußte, Jesus hat zu mir gesprochen, denn direkt vor mir fuhr ein Bullenwagen.

»O. K.«, sagte ich dann, »Jesus, Du hast gewonnen.«
Jetzt sagst Du wahrscheinlich: »Mensch, Kumpel, Du spinnst ja. Du hörst am hellichten Tag Stimmen«. Aber es war so, ich sag's Dir.

Bin also zur nächsten Bullenwache hin und hab' mich gestellt.
Habe meinen Spruch abgelassen: »Ich bin der

Olli aus dem Kohlenpott. Nur die Schnauze halten, sonst polier ich euch die Fresse.«
»Ruhig Blut, Kumpel, was willste denn?«
Dem einen hab ich dann verklickert, daß ich mich stellen wollte.
Hab dem dann auch erzählt, daß gegen mich ein Haftbefehl vorliegt, weil ich aus der Bewährungsaufsicht abgehauen bin.

Die haben mich dann in der grünen Minna in den Knast von Santa Fu gebracht.

Ich war im Knast, ich hatte es tatsächlich geschafft.

Von Santa Fu wurde ich dann in ein Gefängnis im Kohlenpott abgeschoben.
Dort blieb ich einige Monate. Hab auch im Gefängnis nicht aufgehört zu randalieren und hab viel Scheiße gebaut, unter anderem etliche Leute krankenhausreif geschlagen. Bei denen mußte ich mich dann entschuldigen, und das ging mir am meisten gegen den Strich. Schweren Herzens habe ich denen dann die Hand gereicht und gesagt: »Es tut mir leid.«
Dabei hätte ich ihnen am liebsten noch ein paar in die Schnauze gehauen.

Die Anzeigen gegen mich häuften sich immer mehr.
Meine Akten stapelten sich schon. Das Entschul-

digen war die wunde Stelle bei mir. Damit wurde mein Stolz gebrochen und meine Wut noch mehr angestachelt.

Am liebsten hätte ich noch mehr Knast auf mich genommen, mich aber für nichts entschuldigt.

Ich lag in 'ner Gemeinschaftszelle mit anderen Kumpels zusammen und schmiedete Pläne für einen Ausbruch, obwohl wir von bewaffneten Wärtern bewacht wurden.

»Wir schlagen die Wärter zusammen, nehmen ihnen die Knarren weg, und dann kommen wir schon raus«, hab ich zu den Kumpels gesagt.

Hab dann auch das Alarmlicht gedrückt und von dem Typ, der dann kam, eine Pille gegen Kopfschmerzen verlangt.
Er schloß also die Tür auf, hinter ihm einer zitternd mit der Knarre im Anschlag.
Gerade wollte ich zuschlagen, als mich irgend etwas zurückhielt.

»Schnallt doch mal eure Knarren ab, wenn ihr so mutig seid«, hab ich den Typen zugerufen.
»Aber ihr scheißt euch ja jetzt schon in die Hosen.
Kommt, wir setzen uns mal, aber ihr seid ja nur

stark mit der Knarre in den Pfoten, ihr Schweine.«

Die haben dann so schnell wie möglich wieder die Tür verriegelt. Ich wurde nach dem Vorfall in eine Einzelzelle verlegt.

Bei den Gottesdiensten, zu denen ich hingehen durfte, hatte ich aber noch Kontakt zu anderen. Da habe ich Zigaretten geschnorrt und Romane und Pornos getauscht.

Einmal, als der Pfaffe von Liebe gepredigt hat, da wurde es mir zuerst ganz warm. Und dann kam mir doch wieder alles hoch, wie ich im Heim zum Gottesdienst geprügelt worden war:

Wer seine Leute zu sich prügeln läßt, der kann nicht der Gott der Liebe sein.

Dem Pfaffen wollte ich schon wieder ein paar reinschlagen für den Stuß, den er da erzählte. Die haben mich aber schnell in meiner Zelle eingeschlossen.

Als ich da so auf meinem Bett lag, liefen auf einmal meine zwanzig Jahre Leben wie ein Film vor mir ab.
Alles, was ich schon angestellt hatte, wurde mir klar vor Augen geführt.

Ich spürte die Gegenwart von jemandem in der Zelle.

Kam ins Schwitzen und sah mich gut um.

Jemand war in meine Zelle gekommen, und ich sah niemanden.

Da wußte ich: Gott ist da. Und ich kann ihm nicht ausweichen.

Irgend etwas zwang mich in die Knie. Und dann ist es aus mir herausgebrochen:
»Gott, wenn es Dich wirklich gibt, so wie die Menschen in Frankfurt sagten, wenn Du wirklich auch für meine Sünden gestorben bist am Kreuz von Golgatha, Herr Jesus Christus, wenn Du wirklich Dein Blut vergossen hast für mich armen Sünder, dann nimm mich armes Schwein so an, wie ich bin.
Schenk Deine Liebe dem verachtetsten Menschen auf dieser Welt.
Ich will meine Schuld wieder gutmachen.«

Und mit einmal war eine Freude in mir, eine Freude, wie ich sie noch nie erlebt habe außer an diesem Tag im September 1977.

Ich habe vor Freude geweint wie ein kleines Kind.

Ich wußte: nun habe ich einen Vater bekommen.

Mensch, Kumpel, das ist jetzt Jahre her.
Und ich habe damals gebetet: »Jesus, wenn es Dich wirklich gibt, dann will ich mich nie mehr schlagen.«

Und es stimmt: Ich brauche mich nicht mehr zu schlagen.

Ich habe das gefunden, wonach ich so lange gesucht habe.
Ich gehöre heute zu Gottes Familie. Aus eigener Kraft kann man das nicht schaffen.
Aber mit Gottes Hilfe. Er bestimmt unser Leben.
Und was das Schönste ist: Niemand wird gezwungen, dies oder jenes zu tun.
Jeder behält seine Freiheit; und das ist gut zu wissen.

Gott vergewaltigt niemanden. Er läßt Dir die Wahl.

Entweder bist Du für ihn oder gegen ihn.
Ich habe mich für ihn entschieden.

Gott, ich danke dir dafür. Jesus sagt: »Kommt doch zu mir; ich will euch die Last abnehmen!

Ich quäle euch nicht und sehe auf keinen herab. Stellt euch unter meine Leitung und lernt bei mir; dann findet euer Leben Erfüllung.«

In Liebe

Dein Kumpel Olli

Wer Olli schreiben möchte,
hier ist seine Adresse:

> Rainer Ewers
> c/o coprint-Verlag
> Postfach 1927
> 6200 Wiesbaden

Ollis Geschichte ist auch auf Cassette erschienen und über den ERF-Verlag, Postfach 1444, 6330 Wetzlar, zu beziehen.

Nachwort eines Freundes

Seit dem Tag in der Zelle sind einige Jahre vergangen. Vielleicht fragst Du Dich, was aus Olli geworden ist, wie es weitergegangen ist in seinem Leben.

Nach der Entlassung aus dem Knast kam eine schwierige Zeit für Olli: Er wollte die zwei Jahre Bewährung durchstehen, alte Schulden und Fehler wiedergutmachen und seine Lehre als Maler und Lackierer abschließen. Doch bald traf er alte Kumpel, verpulverte sein Geld, versackte auch ab und zu wieder im Alkohol, bis seine Bewährungshelferin zu ihm sagte: »Olli, Sie haben nur eine Chance, um nicht wieder im Knast zu landen; Sie müssen sich durch Ihre Gemeinde helfen lassen und eine Therapie mitmachen.« Okay, dachte er und ließ sich anmelden. Ein Jahr lang lebte er dann im Therapiezentrum des Missionswerkes »Hoffnung für Dich« mit dreißig anderen jungen Leuten zusammen, Strafentlassenen, Drogenabhängigen, psychisch Kranken. Neben der Arbeit gab es dort viel Gelegenheit zu Gesprächen, zum Beten und zum Lesen in der Bibel. Wunden von früher, Ängste und Vorurteile wurden aufgearbeitet, und - wie Olli es heute nennt - eine innere Heilung begann.

Nach gut einem Jahr ging Olli wieder nach Frankfurt zurück. Er wollte da sein für die Asozialen, Randgruppentypen und Leute aus der

Szene. Zusammen mit Freddy, einem Freund aus der Baptistengemeinde, mietete er eine Wohnung und suchte sich eine Stelle, wo er seine Lehre abschließen konnte. In der Freizeit widmete er sich denen, die ihn brauchten. Er brachte Penner und andere kaputte Typen zum Schlafen mit nach Hause, kleidete sie ein, gab ihnen zu Essen oder Geld. Ollis Devise lautete: Nicht Christ sein mit frommen Sprüchen, sondern da helfen, wo man kann. Wenn Jesus in der Bibel sagt: »Ich war hungrig, und ihr habt mir zu Essen gegeben; ich war durstig, und ihr habt mir zu Trinken gegeben, und ich war fremd, und habt mir eine Heimat gegeben« - dann meint er genau dieses. Olli sagt heute: »Die Liebe, die Gott mir geschenkt hat, die muß ich an die Leute aus der Szene weitergeben.« Konkret sieht das so aus, daß er seit fünf Jahren bei der AFEK (Arbeitsgemeinschaft für evangelistische Konzerte) mitarbeitet. Zusammen mit anderen AFEK-Mitarbeitern sieht er eine Aufgabe darin, Leute, die nie in eine Kirche oder in einen Gottesdienst mitkommen würden, durch christliche Rockmusik mit Jesus zu konfrontieren. Darum eröffnete er mit seinen Freunden auch eine alternative Diskothek. Dort wird meist christliche Musik gespielt, Getränke zum Selbstkostenpreis und Gesprächsmöglichkeit angeboten. Schon viele haben dort einen Ausweg gefunden aus einem Leben, das Ollis Vergangenheit sehr ähnlich war. Heute lebt Olli zusammen mit seiner

Frau Marion in einer geräumigen Drei-Zimmer-Wohnung direkt am Main. Schon einige haben dort Aufnahme und Hilfe gefunden. Marion lernte er in der Gemeinde kennen, sie verstanden sich auf Anhieb. Olli dachte immer, er würde einmal eine Rocker-Lilly heiraten, die die gleiche Vergangenheit hinter sich hätte wie er. Doch Marion ist ganz normal aufgewachsen und kennt das Kaputtsein gar nicht. Für Olli ist sie die Frau, die Gott ihm geschenkt hat, denn sie ergänzen sich gut. Vor der Hochzeit sagte er zu ihr: »Glaub ja nicht, daß ich meine Kumpel draußen in der Scheiße liegen lasse, wenn wir verheiratet sind.«

Olli und Marion machen weiterhin mit bei der Disko-Arbeit, in christlichen Hauskreisen und bei anderen Aktionen. Sie träumen davon, einmal in einem Haus leben zu können, das eine offene Tür hat für die Kumpels aus der Szene. Sie sollen dort hinkommen können und wissen, hier ist immer jemand für mich da. So wie Olli damals die Hilfe von anderen erfuhr, so möchte er auch Liebe und Barmherzigkeit weitergeben.
Wie sehen seine Pläne für die Zukunft aus?
Er sagt: »Ich möchte der Mensch sein, den Gott geschaffen hat, ein Original.«

A.K.

coprint.
Ein junger Verlag mit einem jungen Programm stellt sich vor.
Zum Beispiel:

Steve Lawhead
DAS SCHAF IM WOLFSPELZ
Rock aus der Sicht eines Christen
Mit einem Vorwort von Dr. Manfred Siebald

Was sich da als Wolf gebärdet, ist die Rockmusik: animalisch wild, ungezähmt, unberechenbar. Und das Schaf?
Das ist die Botschaft an die Hörer, das sind die Texte mit Inhalt; christliche, evangelistische Texte. Geht das zusammen, ist das machbar?
Und wenn es das wäre: ist eine solche Kombination vertretbar?
Steve Lawhead scheut keine Mühe, der Sache auf den Grund zu gehen. Er betreibt Quellenstudien, analysiert, zieht bildhafte Vergleiche und... er differenziert.
Keine dunkle Ecke in Sachen Rock bleibt unbeleuchtet, keine unbequeme Frage wird ausgespart. Lawhead stellt gegenüber und wägt ab. Und trotzdem: in keinem Fall zwingt er dem Leser eine Meinung auf. Er gibt allenfalls Kriterien an die Hand, denen sich jede Art von Musik stellen muß, wenn sie vor kritischen Ohren bestehen will.

Taschenbuch, 160 Seiten
DM 13,80
Best.-Nr. 44806

Simon Jürgens
DIE BIBEL — DAS BUCH DER REKORDE

Schon erstaunlich, was man beim Lesen der Bibel alles so selbstverständlich mitnimmt! Hier, in der Auflistung, Superlativ auf Superlativ, fällt einem erst auf, daß die Rekorde im Buch der Bücher nur so purzeln. Die Liste ist sicherlich noch erweiterbar, aber die in diesem Buch aufgeführten Beispiele stellen wirklich einmalige Rekorde dar. Oder wissen Sie, wer DAS LÄNGSTE FEST feierte, DER GRÖSSSTE HELD und DER STÄRKSTE MANN war oder wie DIE GRÖSSTE ZAHL heißt, die in der Bibel erwähnt wird? Na, sehen Sie...
Ein vergnügliches und informatives Buch für Leute, die die Bibel auch mal von einer anderen Seite kennenlernen wollen.

Taschenbuch, 64 Seiten
14 Illustrationen, DM 4,80
Best.-Nr. 44 808

Thomas Lardon
ELTERN WERDEN IST NICHT SCHWER...
25 Tips für eine christliche Kindererziehung
Es gibt viele gute, christliche Erziehungsbücher. Dieses aber ist in seiner Art doch einzigar
tig. Hier wird die Bibel als Ratgeber und Richtschnur genutzt. 25 biblische »Erziehungs
prinzipien« werden kurz erläutert und auf den Alltag bezogen.
Ein Taschenbuch, das man in zwei Stunden durchgearbeitet hat und bei dem trotzdem (hof
fentlich!) viel hängenbleibt.
Thomas Lardon hat nach einer Ausbildung zum Freizeitpädagogen in Wiesbaden eine Medienarbeit aufgebaut, zu der neben dem coprint-Verlag auch die Agentur Litera und die
Konzertagentur gospel-contact gehören.

64 Seiten, Taschenbuch,
DM 4,80,
Best.-Nr. 44811